DRESSLER

Magdalen Nabb

Finchen will was Schönes schenken

Deutsch von Ulli und Herbert Günther

Zeichnungen von Petra Probst

Cecilie Dressler Verlag · Hamburg

© Cecilie Dressler Verlag, Hamburg 1993
Alle Rechte für die deutschsprachige Ausgabe vorbehalten
© Magdalen Nabb 1988
Die englische Originalausgabe erschien bei William
Collins Sons & Co Ltd (jetzt: Harper Collins
Publishers Ltd), London, unter dem Titel *Josie Smith*
Deutsch von Ulli und Herbert Günther
Einband und Zeichnungen: Petra Probst
Satz: Utesch Satztechnik, Hamburg
Druck und Bindung: Ebner Ulm
Printed in Germany 1993
ISBN 3-7915-1418-0

Inhalt

Finchen und die Geburtstagsblumen

Am Sonnabend morgen regnete es in Strömen, regnete und regnete und hörte erst am Nachmittag wieder auf.

Finchen Schmidt stand auf einem Bein und zog ihren Strumpf hoch. Dann stellte sie sich auf das andere Bein und zog den anderen Strumpf hoch. Sie schlüpfte in ihre Gummistiefel und in ihre blaue Jacke.

»Setz eine Mütze auf!« rief Finchens Mutter aus der Küche. »Und binde deinen Schal ordentlich fest!«

Finchen zog eine Gruselgrimasse. Sie setzte eine Wollmütze auf, die kratzte, und nahm sich einen Wollschal, der noch mehr kratzte. Sie wickelte ihn ein paarmal um den Hals, damit sie keine Mandelentzündung bekam.

Jedesmal, wenn sie rausging, sagte ihre Mutter: »Wenn du deinen Schal nicht ordentlich umbindest, holst du dir eine Mandelentzündung.«

Finchen ging aus dem Haus und zog die Tür

hinter sich zu. Finchens Haus hatte die Hausnummer 1. Es sah genauso aus wie alle anderen Häuser in der Straße, und die Straße sah genauso aus wie die anderen Straßen auf dieser Seite des Hügels, und oben auf dem Hügel stand ein Turm. Unten am Hügel lagen Finchens Schule, die Hauptstraße mit den Geschäften und die Fabriken mit den hohen Schornsteinen.

Auf den Stufen vor dem Nachbarhaus sah Finchen Lena sitzen. Sie hielt eine Puppe im Arm, die in ein Tuch eingewickelt war, und gab ihr die Flasche.

»Spielst du mit?« fragte Lena.

»Nein, geht nicht«, sagte Finchen. »Ich habe zu tun.«

»Hast du nicht«, sagte Lena.

»Habe ich doch«, sagte Finchen. »Meine Mutter hat Geburtstag, und ich will ihr ein Geschenk und eine Geburtstagskarte kaufen.«

»Ich wette, du hast kein Geld«, sagte Lena.

»Doch, hab ich«, sagte Finchen.

»Hast du nicht.«

»Hab ich doch. Ich habe eine Mark fünfzig«, sagte Finchen.

»Du lügst!« Lena wiegte ihre Puppe hin und her. »Meine Mutter sagt, ich soll nicht mit dir spielen, weil du immer Lügen erzählst.«

»Mit dir will ich sowieso nicht mehr spielen«, sagte Finchen. »Mit dir und deiner blöden Puppe.« Dann lief sie davon, die Straße hinunter, und ließ ihre Gummistiefel so laut wie möglich auf den Bürgersteig platschen. Als sie an Gerrit Grafs Haus vorüberlief, kam er gerade aus der Tür. Er hatte eine graue Strickjacke an, vorn mit Reißverschluß, und graue Hausschuhe, oben auch mit Reißverschluß.

»Ich kann heute nicht draußen spielen«, sagte Gerrit. »Ich habe Bronchitis. Aber wenn du willst, können wir drinnen spielen.«

»Ich spiel nicht«, sagte Finchen. »Meine Mutter

hat Geburtstag, und ich will ihr ein Geschenk und eine Geburtstagskarte kaufen.«

Sie wartete darauf, daß Gerrit genau wie Lena sagen würde, sie hätte ja überhaupt kein Geld, aber Gerrit ging ins Haus zurück und machte die Tür zu.

Finchen lief weiter und platschte mit ihren Gummistiefeln. In den großen Pfützen sah sie die Schornsteine auf dem Kopf stehen, schmutzige Wolken zogen darüber hin, aber es regnete nicht mehr. Am Ende der Straße lag ein freier Platz. Hier wuchs Gras, hier waren kleine Berge von ausgeglühter Kohle, und hier lagen Sachen herum, die die Leute weggeworfen hatten. Finchen suchte überall im Gras und zwischen den Kohlehaufen nach Flaschen, die sie zum Laden zurückbringen könnte. Es war gar keine richtige Lüge gewesen, als sie Lena erzählt hatte, sie habe eine Mark fünfzig, weil sie nämlich schon dabei war, sie zu verdienen. Finchen fand zwei kleine Flaschen im Gras und eine große,

die fast ganz unter der Kohlenschlacke versteckt lag.
Sie mußte mit einem Stock danach graben. Die
Flaschen drückte sie an ihre Brust und trug sie zu
Frau Bocks Laden.
»Ich bringe die hier zurück.« Finchen stellte die
Flaschen auf den Ladentisch.

Frau Bock rollte die Augen.

»Finchen Schmidt!« rief sie. »Sieh dir den Dreck
an, den du auf meinem Ladentisch gemacht hast!«
Finchen reckte sich und wollte den Schmutz
mit ihrem Ärmel fortwischen, aber Frau Bock
verdrehte immer noch die Augen. Mit zwei Fingern
nahm sie die große Flasche und zog ein komisches
Gesicht.

»Die anderen beiden werfe ich weg«, sagte Frau
Bock. »Das sind Einwegflaschen. Aber für diese hier
kann ich dir etwas geben. Was willst du haben?
Sahnebonbons oder Gummibären?«

»Heute will ich keine Süßigkeiten«, sagte Finchen.
»Meine Mutter hat Geburtstag. Ich brauche ein
Geschenk für sie und eine Geburtstagskarte.«

»Hier«, sagte Frau Bock. »Das kannst du ihr
schenken.« Sie reichte ihr ein Törtchen mit weißem
Zuckerguß und einer Kirsche in der Mitte.

»Das will ich nicht«, sagte Finchen. »Meine Mutter

backt jeden Sonnabend Kuchen. Ich kaufe
ihr Blumen, weil sie keine bekommen hat.«
Frau Bock nahm ein paar Münzen aus der
Kasse und legte sie auf den Ladentisch. Finchen griff
danach. »Vielen Dank, Frau Bock!« rief sie und
rannte aus dem Laden.

»Warte einen Moment!« rief Frau Bock hinter ihr
her, aber Finchen wollte nicht warten und rannte
davon. Sie rannte und rannte, bis links und rechts
keine Häuser mehr waren und sie zu Herrn
Schuhmachers Schrebergarten kam. In seinem
Garten wuchsen Kohlköpfe, und außerdem stand ein
Schuppen mit Hühnern darin. Mit der Tabakpfeife
im Mund stand Herr Schuhmacher zwischen den
Kohlköpfen und sah zum Himmel hinauf.

»Es gibt wohl bald wieder Regen«, sagte er.

»Woher wissen Sie das?« fragte Finchen.

Doch Herr Schuhmacher sagte nichts. Er sog die
Luft ein, und das gab einen Zischton in der Pfeife.

»Soll ich ein bißchen für Sie graben, Herr Schuhmacher?« fragte Finchen.

»Mädchen können nicht graben«, sagte Herr Schuhmacher und sah immer noch zum Himmel hinauf. »Jedenfalls nicht so gut wie Jungen.«

»Ich kann graben«, sagte Finchen.

»Und dann die Würmer«, sagte Herr Schuhmacher. »Alle Würmer, die man findet, müssen aufgesammelt und den Hühnern gegeben werden. Mädchen mögen keine Würmer.«

»Ich mag Würmer.« Finchen schloß die Augen, als sie das sagte, denn es war eine Lüge.

»Na gut«, sagte Herr Schuhmacher. »Wir werden sehen, wie du dich anstellst.« Er gab ihr einen großen Spaten und eine Büchse für die Würmer. Finchen fing zu graben an. Sie stellte ihren Gummistiefel auf die Kante des Spatens, wie sie es bei Herrn Schuhmacher gesehen hatte, aber der Spaten rutschte nicht in die Erde. Schließlich stellte

sie sich mit beiden Stiefeln auf den Spaten, und da ging es. Finchen Schmidt grub und grub. Wenn sie einen Wurm sah, bückte sie sich, tat ihn in die Büchse und kniff dabei die Augen zusammen, damit sie nicht sah, wie er sich hin und her wand. Zu Anfang war ihr noch kalt, dann wurde ihr heiß und heißer. Sie wickelte ihren kratzenden Schal ab und hängte ihn über den Zaun.

»Warum können die Hühner ihre Würmer nicht selber holen, Herr Schuhmacher?« fragte sie.

»Wenn ich sie rauslasse, picken sie an meinem Kohl«, antwortete Herr Schuhmacher.

Finchen grub und grub, bis sie nicht mehr konnte.

»Ich muß jetzt los, Herr Schuhmacher«, sagte sie.

»Gut«, sagte Herr Schuhmacher und ging in seinen Hühnerschuppen.

Finchen wartete. Bestimmt wollte er ihr eine kleine Belohnung holen. Die Jungen belohnte er immer, wenn sie für ihn gruben.

»Herr Schuhmacher!« rief Finchen. »Meine Mutter
hat Geburtstag, und ich brauche ein Geschenk für
sie und eine Geburtstagskarte.«
Herr Schuhmacher kam aus dem Hühnerstall.
»Geburtstag?« sagte er. »Sie wird eine schöne
Geburtstagsüberraschung erleben, wenn sie sieht,

18

wie dreckig du dich gemacht hast. Hier.« Herr
Schuhmacher streckte seine Hand aus. Darin lagen
zwei Eier. »Die kannst du deiner Mutter
geben. Zwei braune Eier mit
roten Tupfen. Frisch gelegt.
Das ist ein schönes Geschenk.«
»Die will ich nicht«, sagte Finchen. »Meine Mutter
kauft jeden Sonnabend Eier. Ich kaufe ihr Blumen,
weil sie keine bekommen hat.«
Herr Schuhmacher sog an seiner Pfeife, daß es pfiff,
aber er sagte nichts weiter. Dann fischte er ein paar
Münzen aus seinen Hosentaschen und gab sie ihr.
»Vielen Dank, Herr Schuhmacher!« rief Finchen
und rannte los.
»Halt!« rief Herr Schuhmacher. »Halt, halt! Warte
einen Augenblick!«
Aber Finchen hatte Angst, daß er es sich anders
überlegt hatte und sein Geld lieber wiederhaben
wollte. Sie rannte, so schnell sie nur konnte.

Als sie außer Atem war, hielt sie an, setzte sich auf
die Stufen vor Herrn Kühns Gemüseladen, kippte
die Erdklumpen aus ihren Gummistiefeln und zog
ihre Socken hoch. Dann zählte sie ihr Geld.
90 Pfennig. Das reichte nicht.

Hinter ihr ging die Tür zum Gemüseladen auf.

»Was soll denn das werden?« fragte Herr Kühn.

»Nimmst du ein Sonnenbad?«

»Nein«, sagte Finchen. »Dafür ist es zu kalt.«

»Kalt?« sagte Herr Kühn. »Daß ich nicht lache! Die Sonne knallt auf den Bürgersteig. Hoch mit dir jetzt. Ich muß ausfegen.«

»Soll ich für Sie ausfegen?« fragte Finchen.

»Wenn du weißt, wie das geht.«

»Ich bin eine gute Ausfegerin«, sagte Finchen. »Ich kann ganz prima fegen.«

»Also, dann los«, sagte Herr Kühn. »Laß sehen, was du kannst.« Finchen fing an zu fegen. Sie fegte Krautblätter zusammen und ein Rosenkohlröschen, ein wenig Petersilie und viel braunen Staub von den Kartoffeln und schaufelte alles in den Müllsack, den Herr Kühn ihr gegeben hatte.

»Donnerwetter«, sagte Herr Kühn. »Du bist nicht größer als ein Spielzeughase, aber du bist eine gute

Ausfegerin, da gibt es nichts. Dafür sollst du eine
Belohnung haben.« Er sah sich in seinem Laden um.
»Meine Mutter hat Geburtstag«, sagte Finchen.
»Und ich möchte ihr ein Geschenk und eine
Geburtstagskarte kaufen.«
Sie wartete und sah zu Herrn Kühn hoch, der sehr
groß war und breite rote Hände hatte mit schwarzen
Furchen darin.
»Na, dann wollen wir mal sehen . . .« sagte Herr
Kühn, drehte sich um und nahm etwas aus einer
Kiste heraus. »Hier«, sagte er. »Den kannst du
deiner Mutter mit nach Hause nehmen.« Und er
hielt ihr einen großen, glänzend roten Apfel hin.
»Den will ich nicht«, sagte Finchen.
»Meine Mutter kauft jeden
Sonnabend Äpfel. Ich will ihr
Blumen kaufen, weil sie keine bekommen hat.«
»Ich verstehe«, sagte Herr Kühn. »So ist das also.«
Herrn Kühns breite rote Hand verschwand in der

Tasche seiner grünen Jacke und kam mit ein paar
Münzen wieder zum Vorschein. Finchen nahm das
Geld, rannte aus dem Laden und rief: »Vielen Dank,
Herr Kühn!«

»He!« rief Herr Kühn. »Warte einen Augenblick!«
Doch Finchen rannte, so schnell sie konnte. Als sie
außer Atem war, hielt sie an und zählte ihr Geld.
Eine Mark fünfzig! Schnell lief sie weiter bis zum
Blumengeschäft. Es fing an dunkel zu werden, und
im Schaufenster des Blumenladens brannte Licht.
Finchen stellte sich dicht vor die Scheibe, drückte
die Nase dagegen und suchte Blumen für ihren
Strauß aus. Während sie überlegte, trat sie auf der
Stelle, weil ihre Füße kalt waren. Im Schaufenster
standen viele verschiedene Blumen, rosa, gelbe,
blaue und auch welche mit Streifen. Aber die
schönsten Blumen waren die in der Mitte. Große
rote Rosen in einer weißen Vase. Finchen machte
die Tür auf und ging in den Laden.

Frau Weiß stand hinter dem Ladentisch und fegte
Blätter zusammen.

»Ich möchte Blumen für meine Mutter zum
Geburtstag«, sagte Finchen.

»Blumen kosten im Winter ziemlich viel«, sagte
Frau Weiß und schob auf ein Kehrblech, was sie
zusammengefegt hatte.

»Ich habe viel Geld«, sagte Finchen.

»Wirklich?« sagte Frau Weiß. »Nun gut, welche
Blumen möchtest du denn?«

»Rosen«, sagte Finchen. »Diese großen, die im
Schaufenster stehen.«

Frau Weiß ging zum Schaufenster und hob die große
Vase heraus. Finchen hielt den Atem an.

»Wie viele?« fragte Frau Weiß.

»Alle«, sagte Finchen und legte ihren Stapel
Münzen auf den Ladentisch.

»Alle?« fragte Frau Weiß. »Meinst du wirklich?«

»Ja«, sagte Finchen. »Sie sind für meine Mutter.«

»Bist du nicht Lucy Schmidts kleine Tochter? Heißt du nicht Finchen?« fragte Frau Weiß.

»Ja«, sagte Finchen.

»Also, Finchen«, sagte Frau Weiß. »Ich muß dir leider sagen, diese Rosen kosten drei Mark.«

»Oh . . .« sagte Finchen. »Oh . . . Ich habe nur eine Mark fünfzig. Dann kann ich sie nicht alle kaufen.« Sie dachte einen Augenblick nach und rechnete. Schließlich sagte sie: »Dann nehme ich die Hälfte von dem Strauß.«

»Nein, Finchen«, sagte Frau Weiß. »Diese Rosen kosten jede drei Mark. Ich kann dir doch keine halbe Rose geben, oder?«

»Jede drei Mark . . .?« Finchens Gesicht wurde ganz heiß, und ein Kloß rutschte ihr in die Kehle.

»Wie wäre es mit einem Mini-Kaktus?« sagte Frau Weiß und hielt ein Töpfchen, so groß wie ein Eierbecher, hoch, mit einem scheußlichen grünen Klumpen in der Mitte.

Finchen rannte zur Tür. Sie hielt die Luft an, damit sie nicht weinen mußte.

»Halt!« rief Frau Weiß. »Einen Moment! Finchen!« Aber Finchen drehte sich nicht um. Sie rannte und rannte, bis sie außer Atem war. Dann blieb sie unter einem Laternenpfahl stehen, wischte sich mit dem Ärmel über die Augen und überlegte. Was nun? Wie konnte denn jede Blume drei Mark kosten, wo man sie doch nur zu pflücken brauchte? Man mußte sie nicht machen, sie wuchsen von allein, wie Äpfel. Da erinnerte sie sich an den großen, glänzend roten Apfel. Der war besser als gar nichts. Inzwischen war es dunkel geworden, bestimmt war es schon spät. Wenn sie nicht bald nach Hause ging, würde sie Ärger bekommen. Finchen rannte zurück zu Herrn Kühns Obst- und Gemüseladen.

»Herr Kühn! Herr Kühn!« rief sie und bummerte mit der Faust gegen die Tür. Aber die Tür ging nicht auf, und die Lichter waren aus. Herrn Kühns Laden war geschlossen. Finchen stand auf der Treppe und überlegte. Was nun? Da erinnerte sie sich an die beiden braunen Eier mit den roten Tupfen, und sie rannte zu Herrn Schuhmachers Schrebergarten zurück. »Herr Schuhmacher! Herr Schuhmacher!« rief sie und rüttelte am Gartentor. Aber es war so dunkel, daß sie die Kohlköpfe nicht sehen konnte, und die Tür zum Hühnerstall war abgeschlossen. Das Pfeifen und Zischen kam nur vom Wind, der durch den Schrebergarten fuhr. Herr Schuhmacher, der auf seiner Pfeife Töne machen konnte, war nach Hause gegangen.

Finchen stand im Dunkeln vor Herrn Schuhmachers Schrebergarten und überlegte. Was nun? Da erinnerte sie sich an das Törtchen mit dem weißen Zuckerguß und der Kirsche in der Mitte. Sie rannte los, den ganzen Weg zurück, bis zu Frau Bocks Laden. »Frau Bock! Frau Bock!« rief Finchen und bummerte gegen die Tür. Doch die Tür ließ sich nicht mehr öffnen, und die Lichter waren aus. Frau Bocks Laden war geschlossen.

Finchen rannte nach Hause und weinte.

»Wo treibst du dich denn um diese Zeit noch herum?« schimpfte Finchens Mutter. »Und sieh dir deine Hände an und dein Gesicht und deinen Rock! Bist du dreckig! Und wo ist dein Schal? Bist du etwa ohne deinen Schal rausgegangen?«

»Bin ich nicht«, sagte Finchen.

»Na, wo ist er dann?«

Finchen konnte sich nicht erinnern. Sie überlegte und überlegte, aber es fiel ihr nicht ein. Schließlich wusch sie sich Gesicht und Hände und setzte sich an den Tisch. Sie hatte Hunger und Durst, aber noch bevor sie einen Bissen gegessen hatte, sah sie auf dem Kaminsims eine große rosa Geburtstagskarte. Die hatte jemand ihrer Mutter geschickt. Und sie, Finchen, sie hatte jetzt nicht einmal eine Geburtstagskarte für ihre Mutter, und alle Läden

waren geschlossen. Und selbst wenn noch geöffnet
wäre, fiel ihr jetzt ein, könnte sie keine Karte
kaufen, denn sie hatte all ihr Geld auf dem Tisch im
Blumenladen liegenlassen. Der Kloß in Finchens
Kehle wurde größer und größer, und sie dachte, sie
würde gleich platzen. Sie wollte einen Schluck Tee
trinken. Aber der war heiß, und ihr Gesicht war
heiß, und trinken konnte sie sowieso nicht. Sie
mußte nämlich die Luft anhalten, damit sie nicht
weinte. Vom Graben und Ausfegen taten ihr die
Arme weh, und die Beine taten ihr vom Rennen
weh, und der Kloß in ihrer Kehle war jetzt so dick,
daß ihr ganz schlecht war.

»Was ist los mit dir?« fragte Finchens Mutter. »Du
hast ja gar nicht gegessen.«

»Mein Hals tut weh«, sagte Finchen mit einer
Piepsstimme.

»Was habe ich dir gesagt?« Jetzt war Finchens
Mutter wirklich ärgerlich. »Du bist ohne deinen

Schal rausgegangen, und nun hast du eine
Mandelentzündung!«

Finchen wurde ins Bett geschickt.

Sie versteckte sich unter der Bettdecke. Als der Kloß
in ihrer Kehle weg war, stand sie auf und knipste das
Licht an. Sie holte ihre Buntstifte vom Fensterbrett,
faltete ein Stück Papier und machte daraus eine
Geburtstagskarte. Dann setzte sie sich auf das Bett
und fing an zu malen. Vorn auf die Karte malte sie
einen großen Strauß roter Rosen in einer weißen
Vase. Sie überlegte einen Augenblick und malte
einen rotweißen Rand um die weiße Vase. Auf die
Innenseiten der Karte malte sie ein Törtchen mit
weißem Zuckerguß und einer Kirsche in der Mitte,
zwei braune Eier mit roten Tupfen und einen
glänzend roten Apfel. Dann schrieb sie
HERZLICHEN GLÜCKWUNSCH ZUM
GEBURTSTAG MAMA – jeden Buchstaben in
einer anderen Farbe.

Unten klopfte jemand an die Haustür. Bam, bam,
bam!
Finchen sah auf und lauschte. Sie hörte eine
Stimme. Frau Bocks Stimme. Frau Bock war
gekommen, um ihrer Mutter zu sagen, daß Finchen
ihren Ladentisch schmutzig gemacht hatte! In ihrem
gestreiften Schlafanzug schlich Finchen zur obersten
Treppenstufe, setzte sich hin und lauschte. Sie hörte
nicht alles deutlich, nur: »Schmutz und Asche über
den ganzen Ladentisch . . .« Danach konnte Finchen
nicht mehr verstehen, was Frau Bock sagte, und zum
Schluß sagte sie noch: »Aber sie ist weggelaufen,
bevor ich sie erwischen konnte.« Die Tür fiel ins
Schloß. Frau Bock war gegangen.
So, jetzt konnte sich Finchen Schmidt aber auf was
gefaßt machen!
Aber da klopfte es schon wieder an der Haustür.
Bam, bam, bam!
Finchen lauschte. Sie hörte eine Stimme. Herrn

Schuhmachers Stimme. Herr Schuhmacher war
gekommen, um ihrer Mutter zu erzählen, daß sie
seine Eier nicht haben wollte! Sie konnte nicht alles
verstehen, aber sie hörte: »Hat ihren Schal
abgenommen und hat ihn vergessen . . .« Und dann:
»Zwei schöne frischgelegte Eier . . .« Und dann:

»Aber sie ist weggelaufen, bevor ich sie erwischen konnte.« Dann fiel die Tür ins Schloß. Herr Schuhmacher war gegangen. So, jetzt konnte sie sich aber wirklich auf was gefaßt machen!

Aber da klopfte es schon wieder an der Haustür. Bam, bam, bam!

Finchen lauschte. Sie hörte eine Stimme. Herrn Kühns Stimme. Er sagte ihrer Mutter, daß sie seinen Apfel nicht haben wollte!

Alles konnte sie nicht verstehen, aber sie hörte: »›Den will ich nicht haben‹, hat sie gesagt, die kleine Hummel.« Es folgten ein paar Wörter, die sie nicht verstand, und zum Schluß sagte er: »Aber sie ist weggelaufen, bevor ich sie erwischen konnte.« Dann fiel die Tür ins Schloß. Herr Kühn war gegangen. So, jetzt konnte sie sich aber wirklich auf was gefaßt machen, au weia!

Doch da klopfte es wieder an der Haustür. Bam, bam, bam!

Finchen lauschte. Sie hörte eine Stimme. Die
Stimme von Frau Weiß. Sie war gekommen, um
ihrer Mutter zu erzählen, daß Finchen vor dem
komischen Kaktus davongelaufen war!
Alles konnte sie nicht verstehen, aber sie hörte:
»Sie dachte, sie könnte zwei Dutzend Rosen für eine
Mark fünfzig kaufen! Wenn Sie ihr Gesicht gesehen
hätten . . .« Finchen dachte daran, wie schwarz das
Wasser gewesen war, nachdem sie ihr Gesicht
gewaschen hatte. Frau Weiß erzählte noch mehr,
was Finchen nicht verstehen konnte, und zum
Schluß sagte sie: »Aber sie ist weggerannt, bevor ich
sie erwischen konnte.« Dann fiel die Tür ins Schloß.
Frau Weiß war gegangen.
Auf einmal wurde das Licht angeknipst, und unten
an der Treppe stand Finchens Mutter.
»Komm mal runter«, sagte sie.
Finchen ging in ihrem gestreiften Schlafanzug die
Treppe hinunter und hielt die Geburtstagskarte fest

34

in der Hand. Wenn sie ihrer Mutter die Karte gleich
gab, würde es vielleicht nicht ganz so schlimm
werden.

»Komm in die Küche«, sagte Finchens Mutter.
Finchen ging in die Küche. Dort war es warm.
»Sieh mal«, sagte Finchens Mutter.

Auf dem Küchentisch stand ein Törtchen mit
weißem Zuckerguß und einer Kirsche in
der Mitte, daneben lagen zwei braune
Eier mit roten Tupfen, ein großer, glänzend
roter Apfel , eine wunderschöne große rote
Rose und Finchens kratziger Schal.

»Frau Bock war hier«, sagte Finchens Mutter. »Und
Herr Schuhmacher und Herr Kühn und Frau Weiß.
Sie haben gesagt, daß du ein ganz liebes Mädchen
bist, weil du mir so etwas Schönes schenken wolltest,
aber daß du weggelaufen bist, bevor sie dir die Sachen
geben konnten. Warum bist du weggelaufen?«

»Weiß ich nicht«, sagte Finchen.

»Na so was«, sagte Finchens Mutter. »Noch nie habe ich so viele Geschenke bekommen. Und dabei wollte ich doch nur eine Karte, und ich dachte, du hast sie vergessen.«

»Ich habe dir auch eine Karte gemacht«, sagte Finchen und gab ihrer Mutter die Karte mit den großen roten Rosen auf der Vorderseite und dem Törtchen mit weißem Zuckerguß und der Kirsche in der Mitte und den zwei braunen Eiern mit roten Tupfen und einem glänzend roten Apfel auf den Innenseiten und den Buchstaben, jeder in einer anderen Farbe:

Finchen läuft weg

Am Freitag nachmittag spielten Finchen Schmidt
und Lena im Haus, weil es in Strömen regnete und
Finchen pitschnaß aus der Schule gekommen war.
Lena war nicht zur Schule gegangen, sie hatte gerade
Masern gehabt. Sie spielten Puppenklinik in
Finchens Zimmer.

»Wir müssen bei ihnen Fieber messen«, sagte Lena.
Finchen nahm einen Buntstift und hielt ihn ihrer
großen Puppe vor den Mund.

»Bei mir ist mal Fieber gemessen worden«, sagte
Lena. »Da hatte ich fast hundert.«

Finchen hielt den Buntstift hoch und sah ihn scharf
an. »Die hier hat fast zweihundert«, sagte sie. Dann
hielt sie den Buntstift der kleinen Stoffpuppe vor
den Mund.

»Meine Mutter sagt, du kriegst auch die Masern«,
sagte Lena.

»Krieg ich nicht«, sagte Finchen. »Ich kriege nur
Mandelentzündung.«

»Kriegst du doch«, sagte Lena. »Und du kriegst
Punkte. Es ist nämlich ansteckend. «
Unten klopfte jemand an Finchen Schmidts
Haustür. Bam, bam, bam! Dann rief Finchens
Mutter herauf:
»Finchen! Gerrit will mit dir spielen!«

Finchen rannte zum Treppenabsatz und rief:
»Er kann nicht mitspielen! Wir spielen
Puppenklinik, und er ist zu wild und macht alles
kaputt.«
Aber da kam Gerrit schon die Stufen herauf. Seine

Haare waren naß, und seine Ohren standen ab.

»Deine Mutter sagt, ich kann mitspielen«, sagte Gerrit.

»Na gut, dann bist du eben krank und darfst nicht sprechen, und ich muß bei dir Fieber messen.«

»Ich bin der Arzt«, sagte Gerrit. »Und ich rede so laut wie Doktor Gruber.« Er fing gleich an und pikste den Puppen in die Bäuche.

»Hör auf!« rief Finchen. »Du tust ihnen weh!«

»Stell dich nicht an«, sagte Gerrit. »Es sind doch nur Puppen.«

Dann spielten sie nicht mehr Puppenklinik, weil Gerrit das Spiel verdorben hatte.

»Wenn es doch nur aufhören würde zu regnen«, sagte Finchen und sah zum Fenster hinaus. Doch es regnete heftiger als vorher, die Mauern der Häuser in der Straße sahen dunkel und feucht aus, die Schieferplatten auf den Dächern waren wie blank geputzt, und der Regen prasselte auf die schmutzigen Pfützen. Hinter den Schornsteinreihen war sonst immer ein Hügel mit einem Turm obendrauf, doch der Hügel war hinter den Dunstwolken verschwunden, und das bedeutete, daß es heute nicht mehr aufhören würde zu regnen. Finchen knipste das Licht an, weil der Regen das Haus so dunkel machte, und sagte: »Jetzt spielen wir Schule.«

»Wer ist der Lehrer?« fragte Lena.

»Ich!« rief Gerrit und hüpfte auf Finchens Bett herum. »Ich! Ich!«

»Ich bin die Lehrerin«, sagte Finchen. »Weil ich eine neue Tafel habe mit Ständer.«

Finchen zog die Tafel mit dem Ständer hinter dem Kleiderschrank hervor, dann mußte Gerrit an dem einen und Lena an dem anderen Ende vom Bett sitzen, und zwischen ihnen saßen die Puppen alle in einer Reihe.

»Gerrit Graf, steh auf!« rief Finchen.

Gerrit Graf stand auf.

»Sag das Einmalzwei auf«, sagte Finchen.

»Einmal zwei ist zwei, zweimal zwei ist vier . . .«

»Steh gerade!« rief Finchen.

Gerrit stand gerade, und als er mit seinem
Einmalzwei zu Ende war, sagte Finchen, daß Lena
laut aus einem Märchenbuch vorlesen solle.

»Da sind aber schwere Wörter drin«, sagte Lena.

»Du mußt es lesen, und ich helfe dir.« Im Lesen war Finchen die Beste in der Klasse. Sie ließ Lena eine Menge schwerer Wörter lesen, dann sagte sie: »Setz dich«, und Lena setzte sich. Dann schrieb Finchen sorgfältig ein paar Buchstaben oben auf die Tafel.

»Gerrit Graf! Komm nach vorn!« Gerrit Graf kam. »Schreib jetzt in Schönschrift diese Buchstaben ab«, sagte Finchen. »In der Reihe darunter. Ich will nicht sehen, daß du mit den Fingern wischst! Und die Reihe muß schön gerade werden.«

Gerrit ließ die Kreide quietschen, und dann sagte er: »Jetzt bin ich der Lehrer.«

»Nein, bist du nicht«, sagte Finchen. »Weil du nicht schlau genug bist.«

Aber Lena sagte: »Wir tauschen jetzt, sonst ist das ungerecht!«

»Das ist gerecht«, sagte Finchen. »Weil das nämlich meine Tafel ist.«

»Ich seh mal nach, ob Robert da ist«, sagte

Gerrit, rannte aus dem Zimmer und die Treppe hinunter.

»Kein Mensch will mit dir spielen, keiner!« rief Finchen oben an der Treppe hinter ihm her. »Weil du eine Heulsuse bist!«

Als sie zurückkam, zog Lena gerade ihre Brautpuppe um.

»Was machst du denn da?« fragte Finchen. »Wir spielen doch Schule.«

»Ich nicht«, sagte Lena. »Wenn du nicht tauschst, ist das ungerecht. Und überhaupt, deine Tafel ist gar nicht neu.«

»Ist sie wohl.«

»Ist sie nicht.«

»Ist sie doch. Ich hab sie erst gestern bekommen.«

»Das macht überhaupt nichts. Sie ist nicht neu. Sie ist aus zweiter Hand. Überall hat sie Kratzer.«

Finchen nahm ihren Lappen und fing an, ihre Tafel zu wischen. Sie wischte und wischte und wischte, doch überall waren Kratzer und blanke Spuren. Die hatte sie vorher nicht gesehen.

Von unten aus der Küche roch es nach gebratenem Speck.

»Ich muß Abendbrot essen«, sagte Finchen. »Und du mußt jetzt nach Hause.«

»Ich bleibe zum Abendbrot hier«, sagte Lena. »Hat deine Mutter gesagt. Und du kriegst meine Masern, und dann wirst du auch krank.«

»Werd ich nicht! Und du bist eine Sau!«

»O warte! Das sage ich deiner Mutter. Solche Wörter sagt man nicht.«

»Finchen! Lena!« rief Finchens Mutter. »Wascht euch die Hände und kommt runter!«

Es war warm in der Küche, und es gab Speck und Bohnen, Wurst und Brot und Butter und warmen Apfelkuchen. Dann sahen sie fern, und Finchen sprach die ganze Zeit über kein Wort mit Lena, weil sie Lena nicht ausstehen konnte.

Als Lena wieder nach Haus gegangen war, sagte Finchen zu ihrer Mutter: »Lenas Masern will ich nicht haben.«

»Masern bekommst du früher oder später«, sagte Finchens Mutter. »Es ist nicht weiter schlimm, wenn du dich angesteckt hast.«

»Aber ich will sie nicht von Lena haben. Warum kann ich sie nicht von Robert Beckers kleiner Schwester bekommen?«

»Kannst du auch.«

»Darf ich morgen zu ihnen gehen?« fragte Finchen.

»Mal sehen«, sagte Finchens Mutter.

»Darf ich?«

»Ich sagte, mal sehen.«

»Warum sagst du immer *mal sehen*?«

»Weil wir mal sehen müssen, ob du morgen hingehen kannst. Jetzt zieh dich aus und geh ins Bett.«

»Mama?« sagte Finchen. »Was bedeutet *zweite*

Hand? Ist die rechte Hand die erste und die linke die zweite?«

»Wie kommst du denn darauf?« sagte Finchens Mutter. »Jetzt beeil dich, es ist Zeit fürs Bett.«

»Lena sagt, meine Tafel und der Ständer sind aus zweiter Hand«, sagte Finchen.

»Das ist was anderes«, sagte Finchens Mutter.

»Warum ist das was anderes?«

»Es bedeutet etwas anderes. Es bedeutet, daß jemand vor dir die Tafel und den Ständer gehabt hat.«

»Wer denn?«

»Niemand, den du kennst«, sagte Finchens Mutter. »Jetzt beeil dich aber, damit du ins Bett kommst.«

»Es sind Kratzer drauf und blanke Stellen, an denen die Kreide nicht mehr richtig schreibt, sagt Lena.« Finchens Mutter bückte sich und holte aus dem Regal unter der Spüle eine nagelneue rotweiße Dose. Sie hielt sie Finchen hin und fragte: »Was steht darauf?«

»Tafelfarbe«, las Finchen.

»Also, morgen früh streichen wir deine Tafel an, und dann ist sie wie neu, ohne Kratzer und Stellen, auf denen man nicht mehr schreiben kann. Nun geh aber ins Bett und vergiß nicht, deine Zähne zu putzen.«

Als Finchen im Bett lag und ihre Mutter zum Gutenachtsagen kam, sagte Finchen: »Ich finde Lena doof. Sie ist gemein.«

»Warum spielst du mit ihr, wenn sie gemein ist?« fragte Finchens Mutter.

»Weil sie meine beste Freundin ist.«

Am nächsten Morgen wurde Finchen sehr früh wach. Sie sah zum Fenster hinaus, aber es regnete immer noch. Dann stand sie auf und holte ihre Tafel mit Ständer. Sie versuchte, darauf zu schreiben, doch die Kreide quietschte, und auf den blanken Stellen schrieb sie überhaupt nicht. In ihrem gestreiften Schlafanzug ging Finchen die Treppe hinunter, holte die rotweiße Dose und las die Gebrauchsanweisung. Sie hatte vergessen, ihre Hausschuhe anzuziehen. Es wurde ihr kalt an den nackten Füßen, deshalb ging sie wieder in ihr Zimmer und las im Bett weiter, was auf der Dose stand. Es gab ein paar schwere Wörter in der Gebrauchsanweisung, aber Finchen las sie alle, auch die, die sie nicht verstand. Dann sagte sie zu sich selber: »Jetzt habe ich alles von vorn bis hinten durchgelesen, jetzt kann ich meine Tafel auch selber anstreichen. Das geht doch ganz leicht.«

Aber es war nicht leicht, die Dose zu öffnen. Die Finger taten Finchen weh. Sie stand auf und schüttelte eine Münze aus ihrem Sparschwein. Als sie den Groschen unter die Kante des Deckels schob und darauf drückte, ging der Deckel auf. Finchen hielt ihre Nase dicht über die schwarze Farbe und schnüffelte.

»Hoppla . . .« sagte sie, als sie ihre Nase in die Farbe

tauchte. »Ich wette, jetzt habe ich eine schwarze
Nase. Wenn ich fertig bin, muß ich sie waschen.«
Dann sah sie sich nach einem Pinsel um. Sie wählte
ihren größten Malpinsel aus. Aber sehr groß war er
nicht. Sie tauchte ihn ganz tief in die Dose ein,
damit sie so viel wie möglich von der klebrigen
schwarzen Farbe erwischte. »Am besten, ich fange
oben an«, sagte sie sich und kleckste das frische
Schwarz in die oberste Ecke der Tafel. Es sah sehr
schön aus, doch ehe sie sich versah, lief die Farbe
schnurgerade an der Tafel hinunter und tropfte auf
den Boden. Plop.
»Oh«, sagte Finchen. »Ich habe vergessen, Papier
darunterzulegen.« Sie ging in die Küche und holte
ein paar alte Zeitungen. Bevor sie die Zeitungen
ausbreitete, riß sie ein Stück Papier ab und
versuchte, damit den Fleck auf dem Boden
wegzuwischen, doch der Fleck wurde größer. »Ich
muß es saubermachen, wenn ich fertig bin«, sagte

sie und stellte die Tafel mit dem Ständer auf die Zeitungen. »Oh . . .« sagte sie und sah ihren gestreiften Schlafanzug an. Er hatte rote Streifen und weiße Streifen, aber weiter unten war nun auch ein schwarzer. »Na ja«, sagte sie. »Den muß ich auswaschen, wenn ich fertig bin.«

Sie machte weiter mit dem Anstreichen, bis die ganze Tafel schwarz und klebrig war und alle Kratzer und glänzenden Stellen verschwunden waren. Sie trat ein paar Schritte zurück und sah sich ihr Werk an.

»Hoppla . . .« sagte Finchen. Etwas klebte an ihrem Fuß. Es war der Deckel von der Farbdose, und sie mußte sich auf den Fußboden setzen, um ihn abzumachen und ihn wieder auf die Dose zu drücken. Dann sah sie sich noch einmal die frischgestrichene Tafel an und dann sich selbst. Ein langer schwarzer Streifen war vorn auf ihrer Schlafanzugjacke, ein schwarzer Streifen zog sich an

ihrem Ärmel hinunter. Da war die Farbe vom Pinsel
gelaufen, und außerdem hatte sie zwei schwarze
Hände und einen schwarzen Fuß. Dann besah sie
sich die Tafel noch einmal genauer und entdeckte
eine Reihe von Tropfen, die auf den Boden
kleckerten. Plop.

»Am besten, ich wasche mich erst einmal«, sagte
Finchen und lief ins Badezimmer. Die Seife wurde
schwarz, das Waschbecken wurde schwarz, das
Handtuch wurde schwarz, und Finchen blieb so
schwarz wie vorher.

Finchen machte sich allmählich Sorgen. Und als sie
wieder in ihrem Zimmer auf ihrem Bett saß, fing sie
an, sich noch mehr Sorgen zu machen, denn jetzt
entdeckte sie eine Spur kleiner schwarzer
Fußabdrücke quer durch ihr Zimmer.

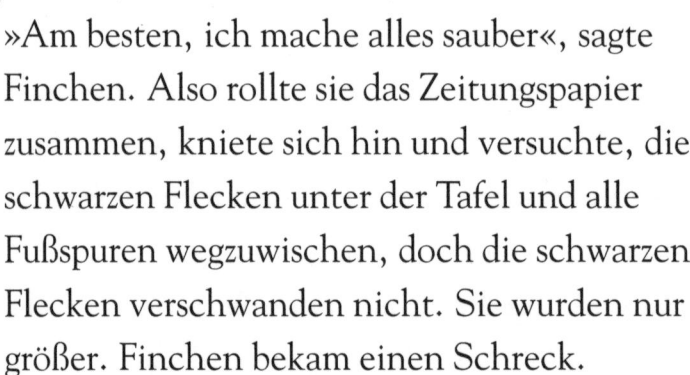

»Am besten, ich mache alles sauber«, sagte
Finchen. Also rollte sie das Zeitungspapier
zusammen, kniete sich hin und versuchte, die
schwarzen Flecken unter der Tafel und alle
Fußspuren wegzuwischen, doch die schwarzen
Flecken verschwanden nicht. Sie wurden nur
größer. Finchen bekam einen Schreck.

»Da kann ich mich aber auf was gefaßt machen«, sagte sie sich. Die Tafel hatte wieder angefangen zu tropfen, und jetzt lag kein Zeitungspapier mehr darunter.

»Oje . . .« flüsterte Finchen.

»Finchen!« rief ihre Mutter aus dem Schlafzimmer. »Was machst du da?«

»Lesen!« antwortete Finchen und kniff die Augen zusammen, weil es eine Lüge war. Dann zog sie, so schnell sie konnte, ihre Sachen an. Draußen vor ihrem Fenster regnete es immer noch heftig. Plop, plop, plop fielen die Regentropfen in die Pfützen, genauso wie die schwarze Farbe, die plop, plop, plop vom unteren Rand der Tafel auf den Fußboden fiel.

Finchen lief die Treppe hinunter, schlüpfte in ihre Gummistiefel und in ihre Regenjacke, rannte zur Haustür hinaus und die Straße entlang, so schnell sie nur konnte. Doch am Ende der Straße blieb sie

stehen. Sie mußte weglaufen, aber wohin konnte sie
gehen?
Ihre Oma fiel ihr ein. Die wohnte nicht weit,

Finchen würde nicht sehr naß werden, und ihre
Oma würde sie mit den Spielsachen in der großen
Kommode spielen lassen.

»Was machst du denn hier, schon so früh und so
munter?« fragte Finchens Oma aus der Küche.
»Mama hat gesagt, ich soll zu dir gehen«, sagte
Finchen und kniff dabei die Augen so fest zu, wie sie
nur konnte. »Sie hat viel Arbeit.«
»Na gut«, sagte Finchens Oma. »Vielleicht spielst
du erst mal ein bißchen mit den Sachen aus der
großen Kommode, und wenn es aufhört zu regnen,
gehen wir zusammen einkaufen.«
Finchen zog die Schublade von der Kommode auf.
Ein Malkasten war darin, Murmeln, ein Kreisel, ein
Sprungseil und viele dicke alte Bücher.
»Wenn du malen willst«, rief Finchens Oma aus der
Küche, »gebe ich dir ein paar alte Zeitungen zum
Unterlegen.«

»Ich will nicht malen«, antwortete Finchen.

»Gut«, sagte Finchens Oma. »Mach, was du willst. Aber du sagst doch immer, du malst am liebsten.«

»Ich mag nur heute nicht malen«, sagte Finchen, nahm sich ein dickes Buch aus der Kommode und setzte sich damit auf den Teppich.

»Zieh deine Gummistiefel aus!« rief Finchens Oma. Finchen wollte ihre Gummistiefel nicht ausziehen, weil ihr Strumpf am Fuß klebte, und weil da noch überall die schwarze Farbe war. Aber ihre Oma war schon ziemlich alt und konnte nicht mehr so gut sehen, wenn sie ihre Brille nicht aufhatte. Als sie kurz mit ihrem Staubtuch ins Wohnzimmer kam, sah sie nicht einmal den schwarzen Fleck auf Finchens Nase. Also zog Finchen ihre Gummistiefel aus, machte es sich vor dem Kamin gemütlich und blätterte in dem dicken Buch.

Heute gefiel ihr das dicke Buch nicht so gut wie sonst. Lesen tat ihren Augen weh, das Feuer im

Kamin war ihr zu heiß, und im Hals hatte sie vor
Angst einen dicken Kloß.

Dann sagte ihre Oma: »Es hat aufgehört zu regnen.
Wir können jetzt einkaufen gehen.« Aber Finchen
wollte nicht. Sie war so müde, und am liebsten hätte
sie sich einfach auf den Teppich gelegt und
geschlafen. Aber dann zog sie doch wieder ihre
Gummistiefel an und ihre Regenjacke und ging mit
ihrer Oma einkaufen.

»Wenn wir fertig sind«, sagte Finchens Oma,
»setzen wir uns in die Eisdiele und essen ein Eis.«

»Ich will heute kein Eis«, sagte Finchen.

»Das ist aber komisch«, sagte Finchens Oma. »Du
ißt doch sonst immer so gern Eis.«

»Heute nicht«, sagte Finchen, und der Kloß in ihrer
Kehle wurde größer und größer. Vielleicht suchte
ihre Mutter schon nach ihr? Was würde sie tun,
wenn sie Finchen nicht fand? Würde sie die Polizei
rufen? Würde sie weinen? Finchen wollte jetzt gern

weinen. Finchen wollte nach Hause. Und mit ganz leiser Stimme sagte sie: »Ich glaube, ich möchte krank sein.«

Aber ihre Stimme war sehr, sehr leise, und ihre Oma sprach gerade mit dem Metzger und sagte: »Und ein Viertel Hackfleisch bitte . . .«

Sie gingen in den Lebensmittelladen und in den Gemüseladen, und Finchens Beine wurden immer schwerer in ihren Gummistiefeln, der Kloß in ihrer Kehle tat weh, und in ihrer Brust bummerte es, bump, bump, bump. Dann zog ihre Oma sie doch in die Eisdiele hinein.

»Ich will wirklich kein Eis«, sagte Finchen. »Mir ist schlecht.« Dann fing sie laut zu weinen an.

Frau Philipp lehnte über dem Tresen und wunderte sich. »Was ist denn heute mit unserem Finchen los?« Sie faßte Finchen unter das Kinn.

»Meine Güte!« rief Frau Philipp. »Du bist ja kohlrabenschwarz! Wie hast du das denn geschafft?«

Sie starrte Finchen an, dann beugte sich auch die
Oma zu Finchen herunter und starrte sie an, und als
Finchen sie anguckte, fing Omas Gesicht auf einmal
an, sich in der Luft zu drehen.

»Mir ist schwindlig«, sagte Finchen, und auf einmal fingen auch alle Waffeltüten auf der Ladentheke an zu tanzen.

Frau Philipps Gesicht drehte sich auch immer im Kreis, und sie sagte: »Flecken auf der Stirn . . .« Und Omas Gesicht drehte sich im Kreis, und sie sagte: »Besser, ich bringe sie nach Haus.« In Finchens Kopf wurde alles dunkel, und dann drehte sich das Dunkle immer im Kreis, und dann wurde sie ohnmächtig.

Als Finchen wieder aufwachte, lag sie in ihrem eigenen Bett. Sie hatte einen sauberen Schlafanzug mit Streifen an, Doktor Gruber horchte ihre Brust ab, und ihre Mutter hatte ihr die Hand auf die Stirn gelegt, das war schön kühl. Doktor Gruber nahm das Hörrohr ab und sagte mit seiner lauten Stimme: »In ein paar Tagen kann sie wieder aufstehen, wenn sie sich danach fühlt. Ich lasse Ihnen ein Rezept hier.« Dann schrieb er etwas auf ein Stück Papier, gab es

Finchens Mutter, sie gingen die Treppenstufen hinunter, und dann fiel die Haustür ins Schloß. Bam!

Als ihre Mutter wieder heraufkam, fragte Finchen: »Bin ich jetzt krank?«

»Ja«, sagte Finchens Mutter. »Aber in zwei, drei Tagen kannst du vielleicht schon wieder aufstehen, sagt der Doktor.«

»Warum sind die Gardinen zugezogen?« fragte Finchen. »Es ist doch Vormittag.«

»Es ist nicht Vormittag«, sagte Finchens Mutter. »Es ist sieben Uhr, und gleich wird es dunkel.«

»Aber ich habe noch gar nicht gefrühstückt«, sagte Finchen. »Und kein Mittag gegessen und kein Abendbrot.«

»Du wolltest nichts essen«, sagte Finchens Mutter. »Hast du das vergessen? Du hast lange geschlafen.«

»Das habe ich vergessen«, sagte Finchen. »Bin ich krank, weil ich ungezogen war?«

»Nein«, sagte Finchens Mutter. »Du bist krank,
weil du die Masern bekommen hast.«

»Habe ich auch Punkte?« fragte Finchen.

»Das ganze Gesicht ist voll, und auf deinem Bauch
sind auch welche.«

»Und Fieber?« fragte Finchen.

»Fieber auch.«

»Bin ich schon fertig mit Fieber messen?«

»Alles erledigt«, sagte Finchens Mutter.

»Und sind das Lenas Masern?«

»Das kann sein«, sagte Finchens Mutter. »Ich weiß es nicht.«

»Aber von irgend jemandem müssen sie doch sein, oder? Also sind sie aus zweiter Hand.« Finchen guckte dahin, wo ihre Tafel stand. Die schwarzen Flecken auf dem Boden waren verschwunden, und die Tafel sah aus wie neu. »Auch wenn es Lenas Masern waren, jetzt sind es meine, oder? So, wie wenn man etwas aus zweiter Hand bekommt? Es gehört einem dann genauso, als wenn es neu wäre.«

»Genauso«, sagte Finchens Mutter. »Ich mache dir jetzt ein Glas Zitronenwasser.«

»Und dann erzählst du mir eine Geschichte?«

»Na gut.«

Als die Geschichte zu Ende war, sagte Finchen: »Das war ganz schön schlimm, daß ich meine Tafel gestrichen habe, was?«

»Nein«, sagte Finchens Mutter. »Du hättest es nicht allein versuchen sollen. Aber das war ein Fehler, keine schlimme Sache.«

»Auch nicht, daß die Farbe runtergetropft ist?«

»Auch nicht, daß die Farbe runtergetropft ist. Das war ein Mißgeschick. Du hast nur eine schlimme Sache gemacht. Du bist weggelaufen.«

»Das mache ich nicht wieder«, sagte Finchen.

»Das glaube ich dir«, sagte Finchens Mutter. »Und jetzt ist es besser, du schläfst wieder ein.«

Am nächsten Tag kam Lena von nebenan und brachte Finchen ein Malheft mit. »Ich habe nur zwei Bilder ausgemalt«, sagte Lena, »aber du kannst es haben, weil du meine beste Freundin bist. Meine Mutter hat gesagt, du bist weggelaufen.«

»Bin ich«, sagte Finchen.

»Wohin bist du denn gelaufen?« fragte Lena.

»Ganz weit weg«, sagte Finchen mit geschlossenen Augen. »Mit dem Bus.«

»Und warum bist du weggelaufen?« fragte Lena.
»Weil meine Mutter böse auf mich geworden wäre«,
sagte Finchen. »Aber jetzt kann sie nicht böse
werden, weil ich Masern habe.«
»Ich hab keine Angst, wenn meine Mutter böse
wird«, sagte Lena.
»Das liegt daran, daß deine Mutter nicht richtig
schimpfen kann«, sagte Finchen. »Wenn meine
Mutter schimpft, dann schimpft sie richtig laut, und
meine Mutter kann Geschichten erzählen ganz ohne

Buch, und meine Mutter hat mir eine Spezialfarbe mitgebracht für meine Tafel.«

Lena sah sich die Tafel an und sagte: »Sieht aus wie neu.«

»Ich habe sie angestrichen«, sagte Finchen. »Ganz allein.«

»Du? Nie!«

»Hab ich wohl. Frag meine Mutter. Mit dicker schwarzer Farbe wie Sirup.«

Lena faßte mit den Fingerspitzen auf die Tafel.

»Ist es nicht auf den Boden gekleckert?«

»Nicht viel«, sagte Finchen und kniff ihre Augen ganz zu.

»Kann ich mal darauf schreiben?« fragte Lena. Finchen ließ sie schreiben. Wenn Lena auch manchmal ganz unausstehlich war, war sie doch immerhin Finchens beste Freundin.

Finchen und die rotbraune Katze

Finchen und Lena saßen auf der Treppenstufe vor dem Haus und schnitten Papiersterne aus. Gerrit stand daneben, die Hände in den Hosentaschen.

»Spielen wir Cowboy und Indianer«, sagte Gerrit.

»Wir spielen nicht mit«, sagte Finchen. »Außerdem ist das ein Jungenspiel.«

»So?« sagte Gerrit. »Wir haben es doch gestern gespielt.«

Finchen und Lena machten weiter mit dem Ausschneiden.

»Dann frag ich mal den Jungen in Nummer 10«, sagte Gerrit.

»Dummkopf«, sagte Lena. »In Nummer 10 wohnt doch niemand.«

»Doch«, sagte Gerrit. »Heute morgen habe ich den Umzugswagen gesehen, und da war ein Junge dabei, größer als ich.«

»Dann spielt er bestimmt nicht mit dir«, sagte Finchen. »Weil du eine Heulsuse bist.«

»Paß bloß auf«, sagte Gerrit. »Wenn du das noch mal sagst, haue ich dir eine runter.« Er hielt seine Faust dicht vor Finchens Nase, und dann rannte er die Straße hinunter.

»Mich hat er mal gehauen«, sagte Lena. »Und ich habe ihn gezwickt, und dann hab ich weitererzählt, was er getan hatte.«

»Zwicken nützt nicht viel«, sagte Finchen.

Da rief Lenas Mutter: »Lena! Lena!«

»Ich muß rein«, sagte Lena. »Morgen hole ich dich zur Schule ab.«

Lena ging. Finchen sah die Straße hinauf und dann die Straße hinunter. Da war niemand. Die Treppenstufe war kalt, aber die Sonne schien zwischen den Schornsteinreihen hindurch und wärmte Finchens Knie. Sie faltete ein Stück Silberpapier auseinander, breitete es auf ihren Knien aus und glättete es mit ihren Fingern. Als es glatt war, schnitt sie einen Stern aus. Dann breitete sie noch ein Silberpapier aus. Jemand setzte sich neben sie auf die Steinstufe. Der Jemand war pelzig und warm und kitzelte sie am Arm. Finchen legte Papier und Schere weg und drehte den Kopf. Da saß eine große rotbraune Katze mit grünen Augen und sah sie an. Erstaunt sah Finchen der Katze ins Gesicht, neugierig sah die Katze Finchen ins Gesicht. Finchen beugte ihr Gesicht noch ein bißchen näher an das Katzengesicht. Die langen Barthaare rochen nach Fisch.

»Wie heißt du?« fragte Finchen. »Rotbart vielleicht?« Die Katze zwinkerte mit den Augen.

»Siehst du. Hab ich's doch gewußt«, sagte Finchen. Sie strich der Katze über das Fell. Es glänzte und war warm.

»Lena ist weg«, sagte Finchen. »Wenn du willst, kannst du mit mir spielen.«

Rotbart zwinkerte. Finchen legte ihren Arm um die Katze.

»Du bist ein bißchen dick«, sagte sie. »Kratzt du?«
Da, wo das Schnurren aus der Katzenbrust kam, war
das Fell weiß.

»Ich erzähle dir eine Geschichte, wenn du magst«,
sagte Finchen.

Rotbart schnurrte lauter. Dann legte er zwei weiße
Pfoten auf Finchens Beine und sprang auf ihren
Schoß.

»He!« rief Finchen. »Du drückst mich ja zu Mus!
Geh runter!« Aber Rotbart blieb sitzen. Er saß auf
Finchens Beinen und kehrte ihr den Rücken zu, so
daß sie nicht über seine Ohren sehen konnte.

»Ich kippe gleich um!« rief Finchen und strampelte.
»Du bist zu groß!«

Rotbart sprang von ihrem Schoß, setzte sich wieder
neben sie auf die Steinstufe und starrte vor sich hin,
als ob überhaupt nichts passiert wäre.

»Besser, ich erzähle dir doch keine Geschichte«,
sagte Finchen, »jedenfalls nicht, wenn du dabei auf

meinem Schoß sitzen mußt. Du bist zu groß. Du bist
fast so groß wie ich. Bist du fünf?«
Rotbart zwinkerte. Er putzte beide Vorderpfoten,
seine Ohren und eins von Finchens Knien.
»Das kitzelt«, sagte Finchen. »Du hast eine
komische Zunge.«
Sie streckte Rotbart die Zunge raus, weil sie dachte,
er würde seine auch wieder herausstrecken, und sie
könnte die Zunge dann genauer angucken. Aber die
Katze ließ nur ein winziges Stück von der
Zungenspitze sehen und kniff die Augen zusammen.
Finchen schnitt noch ein paar Silbersterne aus, und
Rotbart beobachtete sie dabei. Dann hatte sie
Hunger und Durst.
»Warte auf mich«, sagte Finchen zu Rotbart. Sie
legte ihre Schere weg, riß die Haustür auf und rannte
in die Küche. Hier roch es nach großer Wäsche und
etwas, das auf dem Herd kochte. Die Tür zum Hof
stand offen.

»Ich hab Hunger und Durst«, sagte Finchen.

»Nimm dir Milch und Kekse«, sagte Finchens Mutter und trug eine Wanne voll Wäsche in den Hinterhof hinaus.

Finchen schüttete Milch in einen Becher und legte drei Kekse auf eine Untertasse. Dann trug sie Becher und Untertasse zur Haustür hinaus und setzte sich wieder auf die Steinstufen. Rotbart wartete.

»Hier«, sagte Finchen. Sie legte die Kekse auf ihren Rock und goß die Hälfte der Milch auf die Untertasse.

Rotbart besah sich die Sache. Dann setzte er sich ganz langsam hin und schob sein Gesicht dicht an die Untertasse heran. Einen Augenblick lang schien er nachzudenken, dann streckte er die Zunge aus und fing an, die Milch aufzulecken.

»Du bist genauso durstig wie ich«, sagte Finchen und aß ihren Keks. Sie brach ein Stück davon ab und hielt es Rotbart hin, doch der rümpfte die Nase,

richtete sich auf und sah
in eine andere Richtung.

»Warum magst du den Keks
nicht?« fragte Finchen.

»Der ist von der besten
Sorte.« Sie legte ein Stück Keks
auf die Steinstufe, aber Rotbart sah
es nicht einmal an.

Die Sonne verschwand hinter einer großen Wolke,
die das ganze Stück Himmel zwischen den
Schornsteinen verdeckte.

»Finchen! Finchen!«

»Ich muß jetzt reingehen«, sagte Finchen zu
Rotbart. »Gehst du auch rein?«

Rotbart rührte sich nicht.

»Hast du kein Zuhause?«

Rotbart rührte sich immer noch nicht.

»Hast du dich verlaufen?«

Rotbart zwinkerte.

»Was machen wir denn da?« flüsterte Finchen. »Ich kann dich nicht mit reinnehmen, weil meine Mutter dann mit mir schimpft.«

»Finchen! Finchen!«

»Ich muß rein. Warte hier, ich frage meine Mutter, ob ich dich haben kann.«

»Wasch dir die Hände«, sagte Finchens Mutter.

»Hab ich schon.«

»Wasch dir die Hände«, sagte Finchens Mutter. Finchen wusch sich die Hände und setzte sich an den Tisch. Ihre Mutter sah aus, als hätte sie schlechte Laune.

»Können wir eine Katze haben?« fragte Finchen.

»Nein«, sagte Finchens Mutter.

»Warum nicht?«

»Weil wir uns das nicht leisten können.«

»Aber wenn wir sie gar nicht kaufen, wenn wir sie gleich haben?«

»Und was soll sie essen?«

»Ich gebe ihr was von meiner Milch ab.«

»Katzen fressen Fleisch«, sagte Finchens Mutter.

»Und Fisch?« fragte Finchen Schmidt und erinnerte
sich an den Geruch von Rotbarts Backenhaaren.

»Und Fisch auch. Das können wir uns nicht
leisten.«

Finchen sah auf ihren Teller. Ein Stück Fleisch lag
darauf, und sie mochte Fleisch gar nicht so gern.
Und der arme Rotbart war ganz allein da draußen
und hatte nichts zu fressen.

Finchens Mutter stand auf. Sie wollte Brot
schneiden. Finchen wickelte das Stück Fleisch ein
und steckte es in ihre Tasche.

»Kann ich Marmelade haben?« fragte Finchen.

»Erst wenn du dein Fleisch gegessen hast.«

»Hab ich schon«, sagte Finchen und machte dabei
die Augen zu, weil es eine Lüge war.

»Also gut.«

Als sie mit dem Essen fertig war, fragte Finchen:

»Kann ich noch ein bißchen rausgehen?«

»Nein«, sagte Finchens Mutter. »Es wird dunkel.«

Es wurde sehr dunkel, und es fing auch noch zu regnen an. Finchen konnte hören, wie der Regen gegen die Scheiben hinter den Gardinen prasselte. Finchen wartete, bis ihre Mutter mit dem Abwaschen anfing, dann ging sie die Treppe hinunter.

»Wohin gehst du?« fragte Finchens Mutter. »Du kannst nicht im Dunklen draußen spielen.«

»Ich habe meine Ausschneidesachen draußen vergessen«, sagte Finchen und machte die Haustür auf.

»Miaaaow«, meldete sich Rotbart in der Dunkelheit.

»Pssst . . .« Die Straße war schwarz und glänzend, und der Wind wehte den Regen in Finchens Gesicht. Sie bückte sich und streichelte Rotbart. Sein Fell war durch und durch naß und kalt.

»Du kannst nicht allein hier draußen bleiben«,
flüsterte Finchen. Sie fühlte einen dicken Kloß in
ihre Kehle steigen. Sie schaffte ihre
Ausschneidesachen ins Haus und holte eine
Wolldecke aus ihrem Puppenwagen. Die Decke
wickelte sie um Rotbart, und Rotbart schnurrte.

»Pssst! Ich muß dich jetzt tragen«, sagte Finchen. Rotbart war sehr schwer. Seine Ohren spitzten oben aus der Decke, seine Barthaare kitzelten Finchens Nase, sein feuchter Schwanz hing unten aus der Decke heraus und kitzelte Finchens Beine. Doch sie schaffte es, ihn bis unten an die Treppe neben der Küche zu schleppen.

»Was hast du da?« fragte Finchens Mutter, ohne hinzusehen.

»Meine Puppe«, sagte Finchen und kniff die Augen fest zu.

»Wenn du hochgehst, zieh schon mal deinen Schlafanzug an. Es wird Zeit.«

Es war harte Arbeit, Rotbart die Treppenstufen hinaufzubekommen, und dreimal wäre Finchen Schmidt beinahe hingefallen, aber sie brachte ihn schließlich doch in ihr Zimmer und schloß die Tür. Rotbart sprang auf Finchens Bett. Seine Decke fiel auf den Boden.

»Behalt sie lieber um, Rotbart«, sagte Finchen.
»Du bist durch und durch naß. Du holst dir den
Tod!«

Das sagte Finchens Mutter oft. Und danach sagte sie
immer: »Ich seh es schon kommen, daß du wieder
eine Mandelentzündung kriegst.«

Finchen wickelte Rotbart in die Decke ein und gab
ihm in kleinen Happen das Fleisch aus ihrer
Rocktasche. Sorgfältig zerkaute Rotbart die Bissen.
Dabei wippte er mit dem Kopf. Finchen zog ihren
gestreiften Schlafanzug an und rief die Treppe
hinunter:

»Mama?«

»Ich komme.«

»Du mußt nicht hochkommen«, rief Finchen. »Ich
kann schon allein ins Bett gehen. Lenas Mutter
kommt auch nicht mehr.«

»Lenas Mutter hat noch ein Baby, um das sie sich
kümmern muß.«

»Du brauchst das wirklich nicht. Ich bin genauso
groß wie Lena, und ich kann allein schlafen gehen.«
»Na gut«, sagte Finchens Mutter. »Aber wenn du es
dir anders überlegst, ruf mich.«
Aber Finchen rief nur noch: »Gute Nacht!« Dann
ging sie in ihr Bett und knipste das Licht aus.
Unten, dicht bei ihren Füßen, konnte sie spüren,
wie Rotbart sich in der Dunkelheit putzte.
»Gute Nacht, Rotbart«, flüsterte Finchen.
Am nächsten Morgen, ihre Mutter schlief noch fest,
wachte Finchen sehr früh auf. Auch Rotbart schlief
noch.
»Aufwachen, Rotbart«, sagte Finchen.
Rotbart machte ein Auge auf und gleich wieder zu.
»Du mußt aufstehen, sonst erwischt dich meine
Mutter.«
In ihrem gestreiften Schlafanzug rannte Finchen die
Treppe hinunter, schlüpfte in ihre Gummistiefel
und ging hinaus in den Hinterhof. Am Kohlenplatz

stand ein alter Waschkorb, der würde ein gutes Bett
für Rotbart abgeben. Finchen mußte auf den
Kohlenhaufen klettern, um den Korb zu holen, und
dabei machte sie sich überall schwarz. Dann
schleppte sie den Korb die Treppe hinauf in ihr
Zimmer.

Da wurde Finchens Mutter wach.

»Finchen! Was machst du denn so früh?« rief
Finchens Mutter aus ihrem Zimmer.

»Lesen«, antwortete Finchen und kniff ihre Augen
fest zu.

Sie legte die Puppendecke in den Korb und sagte zu
Rotbart: »Solange ich in der Schule bin, mußt du
draußen spielen.« Sie öffnete das Fenster, und
Rotbart sprang auf die Mauer in den Hof.

»Ich bring dir was zu essen aus der Schule mit«,
versprach Finchen. »Mach's gut, Rotbart!«

An jedem Tag, an dem Finchen zur Schule ging,
nahm sie eine Papiertüte aus dem Küchenschrank,

faltete sie zusammen und steckte sie in die Tasche.
In die Tüte steckte sie Fleisch vom Schulessen, und
am Freitag steckte sie ein Stück Fisch hinein.
Finchen mochte keinen Fisch. Rotbart mochte Fisch
sehr gern. Jeden Abend sprang er auf die Mauer, von
da zum Fenster hinein und trank Finchens Milch

und aß Finchens Schulessen. Und dann legte er sich
in seinen Korb zum Schlafen. Gute Nacht, Rotbart!
Finchen erzählte Lena von Rotbart, weil Lena ihre
beste Freundin war. Am Sonnabend, als sie ein
wenig Geld für Süßigkeiten bekommen hatten,
gingen sie in Frau Bocks Laden, und Finchen kaufte
eine Dose mit richtigem Katzenfutter für Rotbart.
Rotbart schnurrte.
Am Sonntag abend, Finchen hatte Rotbart gerade
eine Geschichte vorgelesen, und beide waren fertig
zum Schlafen, klopfte es unten an der Haustür.
Bam, bam, bam!
Finchen hörte viele Stimmen auf einmal, und dann
hörte sie die Stimme ihrer Mutter: »Finchen! Komm
mal runter!«
Finchen ging die Treppe hinunter. Da standen ein
Mann, eine Frau und ein großer Junge.
»Finchen«, sagte Finchens Mutter. »Das sind Herr
und Frau Lind und Jan. Sie sind am Montag in

Nummer 10 eingezogen, und ihre Katze ist ihnen weggelaufen. Hast du sie gesehen?«

Finchen kniff ihre Augen fest zusammen.

»Finchen!«

Finchen kniff ihre Augen noch fester zusammen.

»Finchen!«

Finchen kniff ihre Augen so fest zusammen, daß sie in der Dunkelheit zuckende Würmer aus Licht sehen konnte.

»Miaaaow!« sagte eine Stimme von der obersten Treppenstufe.

»Das ist meine Betsy!« rief der große Junge.

»Nein!« rief Finchen wütend. »Das ist mein Rotbart!«

Rotbart kam die Treppe herunter, und Finchen hielt ihn mit beiden Händen fest.

»Das ist mein Rotbart!« brüllte Finchen.

»Das ist meine Betsy!« schrie der große Junge.

Sie schrien sich alle beide an und brüllten, und die

Erwachsenen sagten: »Die kleine Lena hat es Gerrit
Graf erzählt, und der hat unseren Jan zum Spielen
abgeholt, und Frau Bock im Laden sagte dann, daß
Finchen bei ihr war und eine Dose Katzenfutter
gekauft hat.«
Finchen brüllte, und der große Junge brüllte, und
dann nahmen sie Rotbart mit.
Finchen weinte den ganzen Weg die Treppe hinauf,
und dann versteckte sie sich unter der Bettdecke und
weinte sich in den Schlaf.

Lange, lange spielte Finchen ganz allein.
Lena war nicht mehr ihre Freundin, weil Lena
gepetzt hatte, und Gerrit war nicht mehr ihr Freund,
weil Gerrit gepetzt hatte. Eines Tages, als Finchen
allein von der Schule nach Haus kam, hielt ihr
Gerrit seine Faust vor die Nase und sagte: »Du bist
ein Räuber!«
»Bin ich nicht!« sagte Finchen.

»Du bist ein Räuber«, sagte Gerrit. »Du hast Jan
Linds Katze gestohlen, und sein Vater ist Polizist,
und bestimmt kommt er zu euch und holt dich.«
Finchen rannte den ganzen Weg nach Hause, und
ihre Gummistiefel waren so schnell, daß sie das
Pflaster unter den Füßen gar nicht spürte, sie spürte
nur ihre Brust, und darin ging es bam, bam, bam!
Eines Tages sah sie Jan Linds Vater in einer blauen
Uniform aus dem Haus kommen, da rannte sie so
schnell davon, daß ihr fast die Luft wegblieb.
Am nächsten Tag kam Gerrit in der Pause zu
Finchen, hielt seine Faust vor ihre Nase und sagte:
»Heute nach der Schule kommt Jan Lind und packt
dich.«
Nach der Schule rannte Finchen als allererste zum
Schultor hinaus. Ohne anzuhalten, rannte sie bis zu
ihrer Straße. Aber sie hörte, daß jemand hinter ihr
herlief. Jemand, der größer war und schnell rennen
konnte.

»He!« rief Jan Lind hinter ihr. »Warte!«

Finchen rannte so schnell, daß sie stolperte und hinfiel, doch sie rappelte sich auf und rannte noch schneller, bis sie zu Hause war.

»Machst du mir ein Pflaster drauf?« fragte Finchen ihre Mutter, nachdem ihr Knie gewaschen war.

»Zuerst Salbe«, sagte Finchens Mutter. »Du mußt

nicht soviel rennen. Warum kannst du nicht langsam gehen?«

Als sie im Bett war, pulte Finchen eine Ecke vom Pflaster los, um sich die Wunde an ihrem Knie anzugucken, dann klebte sie es wieder fest.

Da klopfte es an der Haustür. Bam, bam, bam! Finchen hörte Herrn Linds Stimme. Dann hörte sie Frau Linds Stimme. Dann hörte sie Jan Linds Stimme. Dann rief Finchens Mutter:

»Finchen! Komm mal runter!«

In ihrem gestreiften Schlafanzug ging Finchen die Treppe hinunter. Da standen Herr Lind und Frau Lind, und zwischen ihnen stand Jan Lind und hielt etwas sehr Kleines und Rotbraunes in seinen Händen.

»Unsere Betsy hat Junge«, sagte Jan Lind. »Und wir wollten dir eins bringen. Ich wollte es dir nach der Schule erzählen, aber du kannst ziemlich schnell rennen.«

Jan legte das rotbraune Kätzchen in Finchens
Hände. Es fühlte sich warm an, und es hielt ganz
still, als würde es schlafen.

»Du kannst ja mal kommen und dir die anderen
ansehen, wenn du willst«, sagte Jan Lind. »Morgen
nach der Schule. Kannst du Fahrrad fahren?«

»Ja«, sagte Finchen mit geschlossenen Augen.

»Wenn du willst, kannst du mal auf meinem Fahrrad
fahren. Ich halte dich auch. Meine Mutter sagt,
unsere Betsy wäre wahrscheinlich weit weggelaufen,
wenn du dich nicht um sie gekümmert hättest.
Manchmal, wenn man umzieht, gehen Katzen
zurück zu ihrem alten Haus, und man findet sie nie
wieder.«

Finchens Mutter unterhielt sich mit Jans Eltern.
Aber sie sagte nicht: »Wir können uns keine Katze
leisten.«

Als Frau und Herr Lind und Jan gegangen waren,
sagte Finchens Mutter: »Wir sollten ihr ein bißchen

Milch warm machen.« Und sie streichelte dem
Kätzchen über das Fell.

»Iiih«, sagte das Kätzchen, hob den Kopf, hielt aber
die Augen geschlossen.

»Warum sagt sie nicht miau?« fragte Finchen.

»Dafür ist sie noch zu klein«, sagte Finchens Mutter.

»Ist sie noch zu klein zum Sprechen, wie Lenas
Baby?«

Während Finchens Mutter die Milch wärmte, fragte
Finchen: »Ist Herr Lind Polizist?«

»Nein«, sagte Finchens Mutter. »Er ist bei der
Post.«

Das rotbraune Kätzchen brauchte lange, um seine
Milch zu trinken. Finchen trug es die Treppe hinauf
und legte es in den großen Wäschekorb. Dann rannte
sie zurück zum Treppenabsatz und rief hinunter:

»Mama! Komm hoch zum Gutenachtsagen!«

»Ich denke, du bist dafür schon zu groß?« sagte
Finchens Mutter.

»Ich schon«, rief Finchen. »Aber Rotbart ist doch noch ein Baby!«

Also kam Finchens Mutter die Treppe herauf. »Gute Nacht, Finchen. Gute Nacht, Rotbart.«